SERES

de

LUZ

POR SHANNON O'HARA

SERES *de* LUZ

Derechos de autor © 2021, Shannon O'Hara
www.beingsoflightbook.com/spanish

ISBN: 978-1-63493-506-7

Publicado por
Access Consciousness Publishing

Facilidad, gozo y gloria

DISEÑO DE PORTADA Chelsey Dalzell
FORMATO INTERNO Izabela Przybylska
TRADUCCIÓN Elena Blanco

SERES

de

LUZ

Shannon O'Hara

Presentado por: Hablando Con Las Entidades

Índice

Dedicatoria

Dedico este libro al mago Douglas y a todos sus sabios consejos, su valiente sabiduría y su generosidad sin fin. También te dedico este libro a ti, a cada uno de los que buscan la luz. Le dedico este libro a lo que sabes y a la luz de la consciencia que brilla dentro de todos, sin importar cuan sutilmente. Y le dedico este libro a todos los mega seres que hacen su buen trabajo sin ser reconocidos ni considerados. Le dedico este libro a la fuerza de la amabilidad en el universo, ¡y también a los delfines! Gracias Access Consciousness, por llegar a mi vida y nunca rendirte. ¿Qué grandiosas y gloriosas aventuras nos esperan?

Advertencia

Este libro puede hacerte sentir raro.

Por favor relájate

Buscamos asistirte conforme te vinculas con los seres de luz. Así, encontrarás referencias de *AUDIOS EXTRA* a lo largo del libro. Estos se han creado como un complemento del texto. Los enlaces a todos estos AUDIOS EXTRA se pueden encontrar en:

www.beingsoflightbook.com/spanish

Por favor, revisa también el índice de recursos adicionales al final del libro. Disfruta y explora estos recursos conforme viajas hacia el recibir con los seres de luz.

Introducción

Hace diez años terminé el primer libro de hablando con las entidades (TTTE, por sus siglas en inglés).

Si no has leído el primer libro de TTTE, te recomiendo ampliamente que lo hagas antes empezar a leer este. Al comenzar por ahí creas una base que te permitirá obtener más de este libro.

Si deseas empezar aquí, también funciona. Esta es solo mi sugerencia.

Para encontrar el primer libro de TTTE, por favor visita:

www.talktotheentities.com/ttte-books/spanish/

En los diez años desde que se lanzó el primer libro de hablando con las entidades, TTTE y yo definitivamente hemos crecido.

Las clases de TTTE están llenas de herramientas de Access y de todo lo que yo he aprendido directamente de las entidades, a través del entrenamiento de mi padre y lo que he descubierto acerca de cómo lidiar con las entidades.

Al inicio, TTTE era mi intento de describir la forma casi indescriptible en la que veía e interactuaba con el mundo de los espíritus.

Usando las herramientas de Access Consciousness®, fui capaz de facilitar a otros para que se abrieran a la consciencia y a los fantasmas y se liberaran del miedo y de los juicios que los habían controlado en ese tema.

Y eso fue todo lo que era TTTE durante un tiempo. Solo liberar a la gente del pavor respecto a lo raro que es ser consciente de los fantasmas.

Estar abierto al mundo de los espíritus y tener facilidad con él, es algo que se ha tratado con mucha superstición, paranoia, juicio e insania durante TANTO TIEMPO. La gente está totalmente loca al respecto.

Yo, personalmente, he experimentado la indescriptible libertad de eliminar mis bloqueos respecto a ser consciente de los espíritus.

Fue a través de mi propia liberación que vi lo mucho que la gente se atora y se bloquea simplemente para no ser consciente de los fantasmas. Fue esta libertad inicial la que me incitó y encendió un fuego de posibilidades.

Irónicamente, no me fascina ni me interesa particularmente el mundo de los espíritus. Si le preguntan a mi marido, él les dirá que rara vez hablo de fantasmas, a menos que se me haga una pregunta directa.

No es una especie de truco del que me sienta orgullosa, ni una capacidad con la que me haya sentido cómoda al compartirla con los demás.

Normalmente me enfrento con tanta rareza que es algo que prefiero mantener privado.

Pero tengo el don; y aprender a recibirlo fue lo que constituyó el verdadero tesoro.

Hablar con los demás respecto a este tema creaba un cambio innegable. Así que hablé de esto en forma de clases y sesiones.

Al comienzo, ni siquiera hubiera podido concebir que, entre todos los fantasmas perdidos, tristes y pavorosos, encontraría también tremendos seres de luz. Abrirse al mundo de los espíritus fue como (disculpen la imagen) desplazarme a través de un desagüe abierto. Hay mucha mierda en el mundo. Pero además de esa mierda, también le dije sí a los súper espíritus que irradian luz dorada.

Inicialmente me costó trabajo ver la gema de la consciencia, ya que venía acompañada un montón de otras consciencias poco agradables. No puedes ser selectivo al recibir. La mayoría de la gente deja fuera a todos los fantasmas por aquel fantasma malo con el que se encontraron aquella vez.

Pero cuando dejas fuera a todos los fantasmas, eso quiere decir TODOS, no solo a los malos.

Es como jurar no volver a comer helado, porque

un par de veces te tocó un helado muy malo.

Así, lidiar con todas las entidades de mierda fue cosa de limpiar, aclarar y procesar. O sea, tirar y tirar de la cadena del retrete.

Las entidades pavorosas y asquerosas se necesitan limpiar, así que las limpié. Estas historias están en el primer libro de hablando con las entidades y las herramientas para hacerlo se enseñan en las clases de TTTE, El Comienzo.

Y, por supuesto, había espíritus perdidos, otros que tenían asuntos pendientes, o aquellos que necesitaban hablar con alguien a quien dejaron de este lado. Y dado que limpiar no funcionaba con ellos, tenía que hablar con ellos. A veces, durante mucho tiempo y a veces, solo requerían un saludo (reconocimiento) y se iban.

Limpiar y comunicar eran las únicas herramientas que tuve durante mucho tiempo y funcionaban hasta cierto punto.

Lo que nunca se me ocurrió fue la inconcebible realidad de recibir de las entidades.

De alguna manera 'me tropecé' con eso; si llamas... 'tropezarse' a observar un radiante amanecer durante 17 años y de pronto un día darte cuenta de que estás viendo un amanecer.

Recibir no se hace en esta realidad. Claro, los árboles reciben al sol y a la tierra. Claro, los animales y toda la naturaleza reciben. Pero no el hombre. No.

Así, a medida que iba recibiendo, no tenía idea de con qué estaba lidiando. Era como un bebé descubriendo trigonometría avanzada o física teórica. (Gracias a dios que los seres de consciencia y de luz son pacientes, porque, caray, podemos ser tontos).

Finalmente, después de encararlo lo suficiente, comencé a entenderlo. "Oh, esta energía es cómo se siente recibir. Estos seres intentan regalarme algo".

Y entonces, el recibir llegó parte en dicha y parte en olas insoportables de cambio. Me tomó años reconocer siquiera a un ser de luz; y después muchos más años ser capaz de recibirlos sin sentir que me estaba volviendo loca (estoy dramatizando un poco, pero no tanto).

Recibir es algo totalmente teórico para la gente, hasta que deja de serlo.

Como bebé, recibes, pero no tienes ningún concepto al respecto. Simplemente es.

Entonces, renuncias a recibir y te preguntas por qué tienes problemas de dinero o de sexo. El recibir te trae todo con facilidad, pero en cuanto piensas, ¡el recibir DESAPARECE!

El recibir no incluye ningún pensamiento, sentimiento ni emoción. No es lógico ni controlable. Es omnipotente y totalmente libre y a la mayoría nos asusta tanto como lo haría una gran tormenta en medio del mar. Tanto poder sin lógica ni razón.

Y sin embargo, algunos de nosotros somos exploradores de la consciencia, y nos zambullimos y volamos en la energía y descubrimos un mundo escondido que está disponible para todos, pero que muy pocos eligen.

Recibir es el tercer aspecto y el más poderoso de TTTE y es el que, si lo aprovechas, revolucionará tu vida.

El aspecto de recibir de las entidades fue el que me eludió durante mucho tiempo hasta que un día ya no fue así.

Este libro está dedicado a los espíritus y al tesoro que descubrí a través de recibir.

Los seres de luz que buscan apoyar a la consciencia y a todos nosotros a través de la bondad son los que escribirán este libro conmigo.

Me han rodeado durante toda mi vida; me han apoyado desde mi niñez con un afecto y un cuidado indestructibles.

¿Qué y quién desea regalarte? ¡Prepárate!

Introducción

El viaje de nunca rendirse

Hubo un momento en que quise renunciar a Hablando Con Las Entidades.

Durante años había educado y empoderado a la gente para superar su miedo y convertirlo en capacidad con las entidades. Hablaba de las herramientas de limpiar y comunicar. Costaba trabajo convencer a la gente para que dejara de ver al mundo de los espíritus a través de los ojos del anticuado miedo y para que usaran las herramientas de limpiar y comunicar para lograr cambiar. (Hay mucho más respecto a estas herramientas en las clases de TTTE El Comienzo).

Pero cuando surgía el recibir, la mayoría, si no es que toda la gente (incluida yo) se negaba de inicio. Si eres de una cultura occidental, recibir de los espíritus no es una realidad para nada.

Si eres de África, es una realidad ligeramente distinta.

Al mirar documentales y películas acerca de los africanos y sus culturas, comencé a tener pistas de que había personas en el planeta que buscaban activamente ser 'llenados con el espíritu' (recibir) y no solo metafóricamente.

Todo tuvo sentido para mí cuando vi un documental llamado "Rize". "Rize" se trata básicamente de la cultura del baile afroamericano en la ciudad de Los Ángeles.

Muestra mucho acerca de la vida ahí, de lo que sucede con la gente y mucho acerca de su baile. La parte que me hizo unir los puntos fue cuando comienzan a hablar de cómo había un 'espíritu presente' cuando se juntaban a bailar. Después, hay una sección de cinco minutos que muestra a los bailarines y a sus ancestros africanos, que termina con una bailarina que es 'golpeada'. Así lo llaman: 'golpeada'. Lo que yo vi en su cuerpo y su ser enteros fue recibir.

Ya había visto esto antes, específicamente en la cultura afroamericana. Eso no es sinónimo de africano, es solo donde lo vi más fácilmente.

Eran personas que buscaban activamente estar en conexión con los espíritus. No solo en un sentido mental, sino literalmente a través de sus cuerpos. Comunión total: cuerpo y ser. Cuando el espíritu 'entra' en ella, la persona se ve menos presente y su cuerpo pierde el control y requiere apoyo conforme inicia el viaje. Esto no se trataba del dramatismo ni de la teatralidad (bueno, a veces sí) sino que era rendirse completamente ante una fuente superior. Una pérdida total del control, no solo estar fuera de control, sino estar abierto y ser llenado literalmente con un espíritu.

Esto, por supuesto, es un comportamiento similar al de la posesión, y no es eso. Esto era extático, no aterrador. Era dichoso y no pavoroso.

La pérdida del control es un comportamiento poco popular en la cultura occidental. Se juzga mucho que la gente mantenga un control rígido por miedo al ridículo y al rechazo social. Este recibir fuera de control se etiqueta como 'posesión' por los cristianos y como 'salvaje' por todos los demás.

Pero fue ahí que vi por primera vez a la gente recibir completamente más allá de sus controles. Y más aun, ¡recibir completamente de los espíritus! ¡Y lo sabían! Esto, para mí, fue un susurro de un poder que había sentido muchas veces y que siempre había anulado al controlarlo y juzgarlo.

Al crecer en una cultura occidental, este tipo de cosas solo se juzga de forma negativa. Vemos películas de terror con gente cuya cabeza da vueltas e imágenes terribles de miedo y crueldad a manos de los 'poseídos por los espíritus'.

No esta bien ser 'golpeado' por un estado extático de comunión con un espíritu más allá de tu mente. Es raro e inseguro. Al menos, eso es lo que nos hacen creer.

Abrirse al mundo de los espíritus significa a TODOS los espíritus, no solo a los lindos. La mayoría de la gente nunca ejercita la capacidad de saber la diferencia, así que se mantiene siempre inepta y bloqueada.

Y es aquí donde se pierde el recibir. La cultura nos enseña que es muy malo ser consciente de los espíritus, y mejor ni hablemos de dejar que te toquen. Sin embargo, los espíritus se parecen mucho a la gente, algunos son grandiosos y muchos no lo son. Así que, obviamente, no quieres que algunos te toquen. Pero si los bloqueas a todos, te pierdes de aquellos que contribuirán.

Me aburrí de llevar a la gente de la mano y de convencerla que todo iba a estar bien si hablaban con los fantasmas. Era como: "¡es un maldito fantasma, lidia con él!".

Y había un límite en los ABC que podía explicar a la gente aun cuando existe un mega mundo mágico de luz y color explosivos, de gozo y energía, de consciencia y recibir profundo del otro lado de la resistencia y el miedo.

Y así, dejé de divertirme con hablando con las entidades, lo que es mortal para la creación.

Donde solía tener entusiasmo por las clases, había temor. Pensaba: "si nadie quiere esto, ¿para qué lo hago?".

Y entonces, escuchaba: "Quieres esto. Lo captas". Y era cierto. Lo hacía. Y eso tenía que ser suficiente.

Y entonces, con el gozo al que tenía acceso, continué. Y poco a poco la gente comenzó a abrirse al profundo recibir que estaba disponible con el mundo de los espíritus, y comenzó a emerger la base de una nueva realidad.

Te presento a los seres de luz.

Ven conmigo al lado raro por un encantamiento. Solo por ahora, o por más que solo ahora. Tienes elección, puedes dar el salto o no. Pero ¿dejarás atrás tus resistencias, tu duda, tus juicios y tu mente? Solo inténtalo durante un instante, si te atreves. Ven conmigo, con nosotros a un nuevo mundo. Si no te gusta, siempre puedes volver a lo que crees que sabes. Si te asusta, ¿qué justificas no recibir con ese miedo?

Si te asusta, regresa a lo básico.

¿Qué has sabido siempre que finges no saber?

Eres raro, somos raros, la vida no es normal. La religión y la ciencia han pasteurizado el impresionantemente diverso e infinitamente colorido mundo de los espíritus.

Todo a nuestro alrededor la energía ondea y el placer refulge. ¿Lo recibirás?

El equipo de recibir

Me gustaría hablar de las entidades que me enseñaron a recibir. El primero fue mi padre, quien obviamente es un hombre que aún tiene cuerpo. La segunda fue mi hermana pequeña, quien también tiene cuerpo. Las siguientes fueron mis compañeros de equipo (hablo más de los compañeros de equipo en el siguiente capítulo). Y finalmente, pero no por eso en menor medida, los seres de luz.

Déjenme empezar con mi padre. Si saben algo de Access Consciousness, saben quién es mi padre, Gary Douglas. Él comenzó la aventura de Access hace muchos años con la ayuda de (y poca gente lo sabe) ¡las entidades! Ellas le mostraron las herramientas iniciales de Access y le dijeron que "¡se pusiera a trabajar!". Y así lo hizo.

Si no sabes nada sobre Access ni sobre Gary, búscalo: **www.garymdouglas.com**.

Crecer con un hombre tan trabajador y poco conformista tiene sus regalos y sus diferencias.

El vio en mí una determinación para la grandeza y nunca me dejó descansar.

Cuando elegía la inconsciencia, él introducía en mi mundo la verdad a veces brutal y a veces dichosa que encendía la consciencia.

Ya adulta le pregunté la razón por la que siempre me presionaba tanto como no lo hacía con mis hermanos, y me dijo que todos teníamos padres diferentes.

Le pregunté lo que significaba eso, y contestó que éramos tan distintos que tenía que ser un padre distinto para cada uno de nosotros. Él se dio cuenta de que me podía presionar y así lo hizo.

Fue Gary quien me presentó el concepto de recibir. Al inicio, no tenía idea de lo que se trataba, pero parecía una buena idea.

Me tomé un largo receso respecto a recibir, desde los dos hasta los treinta y dos años. Como ya lo comenté, los bebés reciben. Y la mayoría de nosotros deja de hacerlo por una multitud de razones, la mayoría concernientes al abuso del ser. Y también, es algo que simplemente no se hace en esta realidad. Recibir es fácil. Y para la mayoría de la gente, la vida necesita ser difícil y si no, no es normal ni valiosa.

Los animales reciben, la tierra recibe, pero la gente no. Hasta ahora.

Fue mientras observaba a mi padre con mi hermana que comencé a entender cognitivamente lo que era recibir. Siempre he sido, para bien y para mal, del tipo 'fuerte e independiente'. Tengo una actitud de 'sí se puede' que emana de todos mis poros. Esta actitud de 'sí se puede' me ha permitido lograr milagros pero, como lo sabemos todos los que somos fuertes e independientes, también nos hace creer que necesitamos hacerlo todo solos, para demostrar que no necesitamos de nadie y que NADIE puede detenernos.

A pesar de que este comportamiento funciona muy bien cuando se requiere, no es una actitud de recibir. Mi hermano y yo solíamos mirar con desdén (siendo brutalmente honesta) lo mucho que mi padre le daba a mi hermana. Pensábamos que ella era la favorita consentida. Yo seguí creyendo esto hasta que tuve hijos propios y comencé a notar que era mucho más fácil darle a uno de ellos que al otro.

También noté cómo para todos era más fácil darle a uno de ellos más que al otro y ¡finalmente tuvo sentido! Oh, mi dios, mi hermana recibe más que yo. Solo era más fácil para mi padre darle más a mi hermana que a mí y a mis hermanos. Mis hermanos y yo no recibíamos. ¡Tomábamos y demostrábamos que no NECESITÁBAMOS!

"No te necesito" no es una actitud de recibir, solo por si no lo sabías. "Muchas gracias por todos mis regalos", era la actitud de mi hermana, es decir, recibir. También conocida como 'poder de princesa'.

Los árboles reciben todo. No solo reciben lo que han decidido que está bien recibir. Reciben todo el sol, toda la lluvia, y hasta reciben ser cortados y convertidos en una casa o en leña.

Consejo para recibir número 1: Recibir no incluye condiciones. Recibir es recibir TODO: lo bueno y lo malo. Cualquier condición que le pongas a recibir, elimina todo el recibir. Recibir no te somete a nada, recibir te da elección.

En cierto momento, mi padre me dijo que recibía muy poco. Y yo estaba furiosa con él. Este fue uno de esos momentos brutales que mencioné antes. Intenté encontrar formas de rechazar lo que me había dicho respecto a lo poco que recibía y de echarle la culpa. Él no me amaba lo suficiente.

Debía ser su culpa que no recibiera de él.

Para toda la gente que está leyendo esto y no tiene hijos: tendrás mucha más consideración para con tus padres cuando te conviertas en uno. De verdad gracias, mamá y papá.

Mientras más buscaba, más me di cuenta de que tenía razón. Recibir me hacía estar muy incómoda. Casi se sentía asqueroso y eso es lo que debía cambiar.

Fueron los seres de luz quienes me ayudaron a realmente lograr ese cambio. Y, por supuesto, mi elección y el exigirme recibir sin importar lo fuera de control o rara que me hiciera sentir.

Para mi hermana, recibir llegaba como admiración, cosas bellas, ponis, joyería y lindo cabello. Para mí, era y sigue siendo, en forma de súper seres indefinibles sin nombre y con bondad y energía inconmensurables. Y también lindo cabello. ;-)

Llegó la hora de los compañeros de equipo

Los compañeros de equipo

Cada uno de nosotros tiene lo que me gusta llamar un 'equipo'. Tu 'equipo de espíritus', por así decirlo.

Un grupo de seres, a veces pocos y a veces muchos, que te respaldan y te acompañan a través de tu vida. Nos acompañan vida tras vida. Tú eres parte de su equipo y ellos son parte del tuyo. Tal vez hasta parezcas un espíritu para ellos, dondequiera que estén.

Nuestros equipos juegan con nosotros en la vida. Cuando estamos en la cancha de la vida corriendo hacia las porterías y haciendo que sucedan cosas, ellos están con nosotros.

Si estamos sentados en la banca sin jugar, ahí también están con nosotros.

A veces nos protegen, pero ese no es su trabajo principal.

No nos dan órdenes, nos acompañan. Si queremos tirar nuestra vida al precipicio, nos asistirán para lograrlo, si es lo que elegimos.

Si deseamos lograr la grandeza, de la forma que sea, también nos asistirán a lograrla.

No son un remplazo para nuestras elecciones ni para nuestra consciencia, a pesar de que mucha gente ha intentado convertirlos en eso a través de los milenios. No son guías, son amigos. No puedes hacerlos responsables de tu vida y esperar que eso funcione bien.

Yo vivía más o menos ignorante de mi equipo hasta que un día simplemente ya no fue así. En ese momento ya llevaba un par de años en TTTE.

Fue durante una visita a la casa de mi madre en Florida. Estaba acostada en la cama en mi cuarto cuando sentí a estos seres a mi alrededor. Instantáneamente fue como ser cuidada más allá de cualquier resistencia. Fue como si me abrazaran en el alma, con la mayor calidez y presencia.

Dije: "Bueno, hola. ¿De dónde vinieron, chicos?".

Ellos dijeron: "Siempre hemos estado aquí. ¿Nos recuerdas de tu cuna en Los Ángeles cuando eras bebé?".

Y entonces, los recordé. Recordé a los mismos seres y la misma energía de cuando era un bebé en Los Ángeles.

Y ahora estaban alrededor de mi cama de nuevo, 25 años después, rodeándome con luz y afecto cálidos.

Podía sentirlos como un grupo y como individuos dentro del grupo. Podía sentir cuál era el líder y todas sus diferencias. Fue en ese momento, siendo una adulta acostada en una cama en Florida que finalmente comencé a reconocer de nuevo a mi equipo.

Consejo para recibir número 2: Reconocer lleva a recibir.

Volver a ser consciente de mi equipo era una vida totalmente nueva para mí. Comencé a desarrollar conscientemente mi relación con ellos. Me tomaba el tiempo para estar presente con ellos y dejar que me tocaran y me abrazaran.

Preguntaba qué podíamos crear juntos, les pedía que estuvieran más en mi vida y dejé de ignorarlos.

Ellos estaban ahí. No querían nada de mí, no me jalaban, ni invadían mi espacio como tantos otros espíritus.

Este fue el primer turbo acelerón de recibir que obtuve de las entidades. Las cosas comenzaron a ser más fáciles en mi vida y venían con mayor gozo. "Hablando Con Las Entidades" comenzó a crecer rápidamente y también lo hizo mi cuenta bancaria.

Fue durante esta época, después de reconocer a mi equipo, que salí de una gran deuda en la tarjeta de crédito, y nunca volví a tenerla. En los años desde que se volvió a establecer la conexión con mi equipo, he descubierto muchas formas en las que trabajan CONMIGO.

A veces era fácil estar con ellos: al ser. Otras veces, estaban menos presentes. Cuando los buscaba, los encontraba en la lejanía, trabajando arduamente con algo caliente y brillante. Como si trabajaran palando carbón en una locomotora. Les preguntaba qué sucedía y me decían: "eso es para el futuro".

Y sabía que estábamos ganando velocidad y longevidad.

Mientras más elegía, más creábamos juntos. Mientras más les pedía que me contribuyeran, y si realmente recibía su contribución, más surgía una sensación poco familiar pero muy placentera. Después descubrí que eso era la contribución y la generación que provenía de recibir sin controles.

Comencé a hablar de los compañeros de equipo en mis clases y eso abrió la puerta a que los demás los reconocieran y comenzaran a jugar con sus equipos.

Y, a pesar de que los compañeros de equipo son una profunda alegría, descubrí algo que no esperaba. En lugar de reconocer a su equipo y simplemente recibirlo, la gente quería definir, racionalizar y entender. Es decir: controlar.

"¿Cuántos compañeros de equipo tengo?" y "¿Cómo se llaman?" eran muchas de las preguntas que me hacían. Básicamente: "¿Cómo puedo usar esto en lugar de recibirlo?".

La gente quiere ser capaz de definir a su equipo con su mente. He visto cómo una persona tras otra bloqueaba y detenía lo que era posible con su equipo a través de hacerlo significativo.

Poco a poco dejé de hablar de los compañeros de equipo, mientras acogía y aprendía lo que era recibir con los míos.

Pero hubo quienes me escucharon y comenzaron a forjar relaciones con sus equipos. Creo que gracias a la voluntad de esos pocos individuos

Los compañeros de equipo

se abrieron las puertas a los seres de luz.

Deja que tu equipo te toque y acaricie tu espalda

Te cuidan.

Los seres de luz

Por favor, relájate conforme lees esto... Y relájate aun más.

Es extremadamente difícil 'hablar' de los seres de luz. No hay vocabulario escrito o hablado para su profunda magnitud. Su esencia puede oscurecerse fácilmente con palabras. Así que haré lo mejor que pueda.

La definición en sí misma limita. Así que no definamos, ¡seamos CONSCIENTES!

Aquí es donde podemos entrar a la grandeza y a la luz radiante, si lo elegimos.

Aquí es donde se nos exige algo mayor.

Si vas a seguir leyendo, por favor, mantente

abierto.

Debes elegir saber en lugar de dudar, recibir en lugar de tomar, y ser feliz en lugar de sufrir.

En este planeta estamos acompañados por los 'mega seres' más espléndidos. Algunos los llaman ángeles, otros les llaman guardianes, y ahora seres de luz. La mayoría los ha olvidado, otros no creen en absoluto, muy pocos reciben y muchos no pueden ver.

Los seres de luz están aquí para trabajar con nosotros para crear grandeza en la Tierra. Para disfrutar la grandeza de la encarnación y para florecer con la vida y la naturaleza.

Aquí me voy a poner un poco bíblica y, la verdad sea dicha, hay MUCHA información en la biblia acerca de estos muchachos. Nuestros ancestros los conocían bien. Los grandes seres han acompañado al hombre a través de nuestros grandes logros y nuestras fallas épicas. Somos una raza en el planeta y ellos son otra.

Pero debes relajarte para escuchar esto.

Para algunos, darse cuenta de su existencia es simplemente demasiado, como ver directamente al sol. Pero cuando puedes captar y soportar la luz, la energía disponible es ¡GENIAL! La grandeza y la bondad lo sanan todo y se desvanece el dolor que tanto abunda en la Tierra.

Relájate.

Entonces, ¿por qué hay tantos que no creen o que se desconectan de estos grandes seres? ¡Porque los haría demasiado felices!

¿La vida en este planeta está dedicada a la grandeza, al gozo, a la diversión, a la encarnación y a la facilidad? ¿O a la limitación, al dolor, al sufrimiento, al juicio y a la crueldad?

Hay tantos que están comprometidos con la limitación. Recibir de un mega ser magnánimo que tiene afecto total simplemente no cabe en su agenda.

Casi todo el entretenimiento consiste en una historia o en tristeza, dolor, drama violencia y crueldad.

¿Cómo sería una historia o una película sobre gente feliz y sin problemas, popular o aburrida? ¿Qué tan a menudo vemos reportes de felicidad en las noticias? Una felicidad que no provenga de un encuentro amoroso perfecto o de ganar la lotería sino de un profundo salto de felicidad propia.

"Hoy, una mujer en Dinamarca estuvo muy feliz ¡sin razón alguna! Qué genial, ¿no?". Ese es el tipo de noticias que me interesan. ¿Cuándo veremos horas de entretenimiento dedicadas a la gente feliz y a sus logros?

Los adultos no parecen estar interesados. La felicidad tiene poco o nada de valor aquí. La felicidad es aburrida. El dolor es lo que se valida.

Considera la vida de la gente a tu alrededor. Podrías hasta considerar la tuya si te sientes valiente. ¿Cuál es la proporción de gozo contra dolor o tristeza?

Por supuesto, nos gusta considerarnos víctimas del dolor y de la limitación en nuestras vidas. No elegimos nada de eso. Un mundo cruel nos causa dolor y limitación.

NO. Lo elegimos. ¿No es divertido?

NO, no es divertido y ese es el punto.

Esa es la agenda aquí. Que no sea divertido. Y así, se elimina todo lo que lleva al gozo y a la diversión, o se juzga tanto que, si sobrevive, es de milagro.

Eliminemos la alegría y la diversión del sexo. Mejor juzga tu cuerpo, eso es más válido.

La comida es el enemigo, te engordará y te enfermará. No disfrutes de la comida ni de tu cuerpo, porque si lo haces, serás un pecador.

Que el dinero te llegue con total facilidad es raro y totalmente imposible. Sospecha del dinero y de cualquiera que te lo ofrezca.

No seas vulnerable, porque no estarás seguro. Sospecha de cualquiera que te ofrezca bondad, te lastimará.

La felicidad es una perversión, reprímela.

La relajación es peligrosa.

Usa tu mente. Resuélvelo, trabaja duro por ello. Si piensas y sientes lo suficiente, puedes evitar totalmente recibir.

Así estás mejor, cuando recibes es demasiado incómodo para tu mami y tu papi. Deja de ser feliz, deja de ser tú, algo está equivocado, tú estás equivocado, nunca serás suficiente.

¿Reconoces alguna de esas voces?

Y así descendemos a la pesadilla del odio propio y la separación.

¿A quién le pertenece eso?

¿Qué invención usas para crearte como acertado o como equivocado, estás eligiendo?

¡Haz POD y POC!

Relájate más. DE VERDAD.

Estamos perdidos en un mundo donde solo se permite el poder fuera de uno mismo. Estar empoderada le da tanto miedo a la gente que prefiere quedarse en una familia, en un matrimonio o en un trabajo limitantes, en vez de hacerse más grandiosa o cambiar algo.

En cuanto intentas que algo o alguien fuera de ti sea la respuesta o la fuente de tu vida, has renunciado a tu mayor poder y a tu mayor tesoro: a ti.

Relájate y recibe.

Esta eliminación del empoderamiento de uno mismo es lo que nos desconecta de los grandes seres de luz y de toda la consciencia que conspiraría y conspirará para apoyarnos y trabajar con nosotros en la vida.

Mientras menos confíes en ti, menos podrás obtener lo que los seres de luz pueden obsequiar.

En este libro presentaré cierta información, herramientas y posibilidades. Puede que te despierten algo y puede que no. Pero te advierto que será difícil que leas este libro sin que algo cambie en tu interior. Si no quieres recibir más y cambiar, no sigas leyendo. Y si sigues leyendo...

Bienvenido al extraño, mágico e inconcebible viaje de la consciencia. Juzga si lo deseas, solo te retrasará. Salta si lo deseas, nunca se sabe, ¡puedes morir o sumergirte en la mayor posibilidad de tu vida!

Es extraño y no puedes controlarlo, pero toda esta posibilidad está dispuesta para tu placer y elección

Los seres de Luz

relájate

más

Zambúllete

Recibe más ahora...

Ábrete más y siente una gran presencia de energía. No tengas miedo, sé entusiasta.

O ten miedo y también sé entusiasta.

Ábrete aún más y suelta algo de control. No te preocupes, relájate. O preocúpate, pero también relájate.

Deja tu mente, apártala por un tiempo. Estará ahí más tarde si quieres recuperarla.

Baja todas las barreras que tengas. De verdad.

Las que utilizas en tu cabeza para controlar la realidad, también elimínalas. Y las que tienes en el estómago, relájalas. Fuerza las barreras hacia abajo si lo necesitas. Y relájate.

Expándete en todas las direcciones, realmente expándete. Hazte más grande.

Deja este libro si lo necesitas y deslízate...

Y si puedes leer y deslizarte, hazlo...

Si estás en tu cabeza, no te estás relajando ni recibiendo. De hecho, esa cabeza tiene el objetivo de desconectarte de los seres de luz. Así que relaja la cabeza y estate tranquilo. ¡No pienses! Relájate.

Aunque te destruyan, debes ser vulnerable. Debes arriesgar todo por el salto desconocido. Si quieres una garantía, este es el lugar equivocado para ti. La naturaleza no da garantías. ¿Qué da la naturaleza?

Relájate en eso. Relájate en lo que te da, no en lo que no tienes.

Tranquilízate más en la cabeza. ¿Lo sabrás? Dondequiera que te protejas y te defiendas de lo que estás seguro que está mal, ¿sueltas eso también ahora?

Incluso si esto no es verdad, ¿qué es verdad para ti? ¿Qué eres tú?

Suelta....

Dondequiera que te engañaron en un culto espeluznante y te confundieron para que no volvieras a confiar nunca más, ¿deshaces ese control sobre ti y recuperas tu poder? Elige, sé claro.

Solo para ti, solo por diversión y no se le digas a nadie.

Nadie mejor que tú para saber por ti. No podrás encontrar eso en otra persona. Esa persona tienes que ser tú, lo siento.

Ahora asume la responsabilidad de saber. Acepta lo que sabes y date cuenta de que es verdad.

Relájate...

Permite que el saber te libere, que desmantele lo que te ha limitado. Permítelo de verdad, suéltalo totalmente. Sé valiente y fuerte y también como un bebé.

Si estás pensando... eso es una barrera.

¿Recuerdas dónde dejaste la llave de esta puerta? O tú eres la llave. Usa esa llave ahora y no pienses.

Cruza al otro lado. Rompe si es necesario. No estás loco, esto es verdad.

¿Para ti?

Pide que los seres de luz vengan a ti. Relájate lo suficiente para percibirlos. Deja que presionen en tu espacio. Déjate llevar...

Dales permiso para que te acompañen en la vida. Pide su presencia. Pídeles que presionen aún más en tu espacio. Si te resistes de alguna manera, deja de hacerlo.

Siente el espacio.

Deja que hagan su trabajo en ti. ¿Qué sientes? Relaja el estómago, los genitales, el pecho.

Estos grandes seres están aquí con nosotros. No estamos solos. Siempre nos apoyan en cosas que la mayoría de nosotros ni siquiera deseamos. Sin embargo, si recibes esta energía vibrante e incontrolable, tendrás más que cualquier mortal.

Y aquí tienes a los seres de luz y todos los regalos que los acompañan. Lo normal no funcionará. La definición los excluirá.

Lamento la pérdida de la limitación y también me siento honrada de ser la portadora de esta aterradora e impresionante noticia.

Esto es mejor de lo que puedes imaginar, es lo grandioso que no puedes creer.

Relájate: todas las cosas buenas están aquí.

Deja que te presionen y *sométete*

Zambúllete

No leas el siguiente capítulo hasta mañana.

Por favor ve el audio extra 2 en el índice para el ejercicio de seres de luz que acompaña esta sección.

Los demonios

"El mejor truco del diablo fue convencer al mundo de que no existe"

—Kevin Spacey (Keyser Söze)
en la película 'Sospechosos comunes'.

Al escribir un libro sobre los seres de luz, desafortunadamente debo mencionar a los demonios por ser de los mayores culpables de nuestra falta de comunión con la luz. Tanto los seres de luz como los demonios se han arrojado a la pila de lo 'ficticio'. Por suerte y por desgracia ninguno es ficticio.

Nosotros, como raza humanoide hemos tenido

una larga historia con los demonios.

Se trajeron a los demonios de un planeta de fuego para imponer y controlar.

Para empezar, lo que INVITÓ a los demonios fue el deseo de la gente de controlar o de tener poder sobre los demás. Una vez que los dejas entrar, es más difícil sacarlos. Como un invitado indeseado, maloliente y grosero que asusta a los niños y hace que toda la comida buena tenga un sabor agrio.

Los demonios hacen adeptas a las personas.

La palabra 'demonio', tal y como la usamos en el español moderno, tiene sus raíces en el griego. 'Daimónion' es la raíz en nuestra lengua occidental. Y se conocen por muchos otros nombres en diversas culturas, ya que no existe ninguna cultura de la Tierra que sea ajena a estos tipos.

En la cultura occidental hablamos abiertamente de los demonios, mayormente como una figura retórica y no tanto como el reconocimiento de un espíritu.

"Realmente están luchando con sus demonios".

Aquí por supuesto es donde creamos todo tipo de problemas adicionales. Si reconocemos que tratamos con un espíritu real, podemos lidiar mucho mejor con él, en lugar de agitarnos por ahí sin tener idea y estando totalmente a su merced.

Por supuesto, esto trae a colación las imágenes de la superstición y de los chamanes o sacerdotes poco efectivos que son muy significativos al expulsar con seriedad a los espíritus malignos de alguien o de algún lugar.

A decir verdad, estas formas supersticiosas a veces funcionan, y a menudo no. Cuando funcionan, creo que se debe más a la habilidad individual de quien lo hace que a los métodos anticuados que utiliza.

Algunas personas son naturalmente hábiles para tratar con las entidades.

Dependiendo de la cultura, hay diferentes relatos históricos sobre los demonios. Hablaré principalmente desde la perspectiva de mi ascendencia europea. Pero esta no es la cultura que tiene el mayor conocimiento ni la mejor relación cultural con el mundo espiritual.

Las creencias y los rituales con las entidades en Asia, India, América Latina y África son mucho más fuertes, lo cual no quiere decir que sean necesariamente más ilustrados. Simplemente son más prevalentes culturalmente que en las culturas europeas y las de ascendencia europea.

A medida que se expandió el cristianismo, se pasteurizó cualquier comprensión o reconocimiento de los espíritus. El cristianismo no es un cuerpo de doctrina ilustrado respecto a las entidades. E incluso ahora, conforme la relevancia del cristianismo disminuye, la esterilidad de la 'purificación' pasada afecta profundamente a la capacidad de las personas en materia de consciencia.

Los elementos naturales de la consciencia que existen en todas partes han sido dañados severamente por vidas de juicio reforzado por demonios 'ficticios' (pero que no son ficticios).

Los demonios son entidades obreras. Los trajeron a la Tierra para hacer un trabajo. Su trabajo ha sido asegurarse de que nosotros (los humanoides) no estallemos en una fiesta de consciencia, y de felicidad y gozo incontrolables.

Eso es todo. Las personas miserables son controlables; en cambio, es imposible controlar a las felices. A la gente feliz no le importan ni las reglas ni la estructura. Hace lo que quiere y es feliz por ello.

El control es más popular que la felicidad. La felicidad es imprevisible, pero toda la naturaleza se crea al estar fuera de control en equilibrio perfecto.

Los demonios cumplen este trabajo mediante la activación de los juicios en las personas. Si no tuvieras juicios, los demonios no podrían, ni tendrían, poder sobre ti. Lo que les permite entrar es el juicio.

Repito: si no tienes juicios sobre ti, los demonios

no pueden permanecer a tu alrededor ni tener efecto alguno sobre ti, ES UN HECHO. No juzgar es un súper poder que muy pocos aprendemos a usar. Sin embargo, si se elige, su eficacia es inigualable.

Si alguien tiene muchos problemas con los demonios, al deshacerse de los juicios de fondo que tiene de sí mismo, cambiará esa dinámica por completo. Juzgar es una elección, no una necesidad. Sin embargo, la mayoría de las personas piensan que son sus juicios y viven la mayor parte de sus vidas bajo el efecto de los juicios. ¿Y si los juicios no fueran reales? Noticia de última hora: ¡no lo son!

Fueron creados por los magos del mal como punto de anclaje para engancharse al espacio infinito del ser.

Sin juicios, no podría existir el control. Me pregunto cómo sería ese mundo.

Tener una relación con un demonio es como la relación más codependiente y retorcida del mundo. Te dice que te quiere más que nadie, mientras te quita todo el poder. Te convence de que es el amor más perfecto que jamás tendrás, y que solo él es el único que te verá de verdad... Mientras trama tu perdición.

Noticia de última hora: eso no es amor.

Los demonios también pueden prometerte un poder. Así que, si le vendes tu alma al diablo, puedes obtener lo único que crees que no puedes crear o ser tú mismo. Noticia de última hora: puedes crearlo tú mismo. Se llama elección.

Pero, por supuesto, te dicen que no tienes elección. Y tú les crees.

La verdadera bondad es un repelente de demonios. Los demonios quieren inducir la mezquindad, es así cómo pueden encontrar un punto de anclaje en alguien. Si eres verdaderamente bondadoso contigo, los demonios no pueden tener ningún poder sobre ti.

Lo interesante es que casi nadie se da cuenta de que nuestros juicios sobre nosotros mismos son los que le dan a cualquier demonio poder sobre nosotros, y por tanto, la posibilidad de que esté presente en la Tierra.

Sin juicios = sin demonios.

Los demonios no son los que tienen el poder, somos nosotros. Lo que invita a los demonios a entrar a nuestras vidas es nuestra elección de juzgar. Si alguien tiene un problema persistente con los demonios descubrirás que se debe a un juicio de base o central que tiene de sí mismo.

Lo estoy poniendo de manera muy simple pero sus implicaciones son profundas.

Se acabaron los días de los exorcismos desordenados, laboriosos y aterradores. El villano no se expulsa a través de resoplidos y bocanadas. El villano se libera a través de la elección interior. Empodérate y serás superior a cualquier demonio. Júzgate y sufre para siempre la pesadilla que elijas.

Ha llegado el momento de que todos los demonios vuelvan al lugar de donde vinieron.

Que vuelvan a su planeta de fuego, en el que quieren vivir.

Ya no quieren estar aquí y su poder de inconsciencia está disminuyendo.

Por eso, reconocer a un demonio es saber. Temer a un demonio es vivir la vida que él quiere para nosotros: una vida de menos y peor.

Los demonios no son el enemigo. Son bacterias malas que la mayoría deja proliferar. Cuanto más se juzga, más se alimenta a la bacteria. Confía en ti. El saber es el antídoto.

Para eliminar un demonio, simplemente devuélvelo al lugar de donde vino. Repite eso tantas veces como sea necesario hasta que se vaya y haya espacio. Algunos son más fáciles de eliminar que otros y TODOS se pueden eliminar. Usa esta frase en inglés:

Return from whence you came, never to return to me, my body, or this reality ever again.
Return from whence you came, never to return

to me, my body, or this reality ever again.
Return from whence you came, never to return
to me, my body, or this reality ever again.

Es posible que tengas que decirlo más de 15 veces. Si te mantienes presente, funcionará.

Si no se eliminan es porque alguien (o tú, si lo haces para ti mismo) tiene el compromiso de mantenerlos o de estar en relación con ellos de alguna manera. Para cambiar eso, la persona (o tú) debe estar dispuesta a hacerlo. No puedes hacer esta elección por los demás y nadie puede hacer esta elección por ti.

Una vez que la persona elija terminar su relación con el demonio o los demonios, haz que la persona "revoque, se retracte, rescinda, renuncie, denuncie, destruya y deshaga sus compromisos, juramentos, votos, lealtades, venalidades y promesas con ese demonio a través de todas las vidas, dimensiones y realidades". Haz POD y POC (por favor, ve la sección de referencia en la parte posterior del libro para una explicación completa del enunciado aclarador de Access Consciousness).

¡Ta-da! Listo. Devuelve al demonio al lugar de donde vino, para que nunca más vuelva a nadie ni a esta realidad.

Una advertencia: mucha gente ama a sus demonios. O al menos cree que es así. Si alguien ama a sus demonios, esto no funcionará por mucho que lo intentes. Guarda tu regalo para aquellos que lo recibirán.

---

*Por favor, ve los audios extra en la parte posterior del libro para un efectivo audio de limpieza de demonios.

Los ángeles

Del latín tardío angelus, del griego angelos, literalmente 'mensajero, enviado, el que anuncia'. "No estamos aquí solo para los creyentes, estamos aquí para todos", es lo que dirían si les preguntaran.

Hay una diversidad en el mundo de los espíritus que va mucho más allá de la burda comprensión que se permite tener la mayoría. Para mí, una de las grandes revelaciones fue la gran diversidad que existe en el mundo de los espíritus. No hay solo ángeles, demonios y el espíritu santo.

El reino de los espíritus, al igual que los reinos de los animales, las plantas, los minerales y los microorganismos, son enormemente diversos e insondablemente elegantes.

El hombre sigue descubriendo especies animales y vegetales, elementos minerales y microorganismos. Es cierto que gran parte del mundo natural (que incluye el reino de los espíritus) aún no ha sido descubierto por el hombre. Somos bebés conscientes que viven en un vasto reino mágico llamado vida.

El descubrimiento de los reinos animal, vegetal, mineral y micro, comenzó hace mucho tiempo con una persona que se preguntó: "¿qué es esto?". Y entonces se abrieron los mundos animal, vegetal, elemental y micro para su descubrimiento.

Pasa lo mismo con el reino de los espíritus. Lo único que se requiere es que una persona haga una pregunta (y después un millón de preguntas más) para que se presente la elegante diversidad.

Uno de los mayores obstáculos para las personas con consciencia es lo mucho que tienen que cambiar sus definiciones y su comprensión de la realidad a medida que van descubriendo, a través de la consciencia.

Por eso, una persona verdaderamente sabia sabe que no ha descubierto todo. De hecho, funcionará a partir de la pregunta y no de la conclusión. Concluir es dejar de descubrir. Incluso las leyes más antiguas y aceptadas de la ciencia han resultado ser falsas. ¿Recuerdan cuando la Tierra era plana y los médicos decían que fumar era bueno para la salud?

No fue sino hasta 1928 cuando se desarrolló la penicilina, el primer antibiótico farmacéutico. Solo cuando se empezó a comprender el mundo 'invisible' de los microorganismos y las bacterias se pudo aplicar a la medicina. Antes de eso, apenas se comprendía lo que creaba las infecciones, solo se sabía que existía la infección y que, si no se trataba, podía matar. La comprensión del micro mundo conllevó la capacidad de tratar lo que hoy consideramos problemas menores y que hace 100 años habrían acabado con la vida de muchas personas conocidas.

Esta es una analogía perfecta de cómo el

conocimiento del mundo espiritual puede tratar con éxito problemas menores que parecen amenazantes para la vida, pero cuando se tratan con las herramientas adecuadas dejan de serlo. Por ejemplo, el escuchar voces, la paranoia y los pensamientos suicidas causados por la presencia de demonios y las noches inquietas y espeluznantes que se pasan al vivir en una casa embrujada. Son ciertamente amenazantes para la vida y la paz, sin embargo con la herramienta correcta de limpieza de entidades, son completamente manejables hasta el punto de la cura total.

Recordaremos esta época de lo que yo llamo 'ignorancia sobre los espíritus' como la edad oscura; una ignorancia que siguió a una gran época de superstición religiosa y luego a la esterilidad de la razón científica.

Me considero una auténtica exploradora, una cuestionadora de la realidad y una mutación de posibilidades ambulante y parlante. Sin la pregunta nunca habría mutado hacia el reino de la consciencia ni habría conocido a todos estos increíbles seres que a menudo no son descubiertos y definitivamente no son reconocidos.

Conocer a los seres de luz también es conocer a los ángeles. Permítanme ser clara sobre los ángeles, ya que están muy malinterpretados.

Con la introducción del cristianismo, todos los ángeles fueron usurpados dentro del ámbito y la mitología cristiana, hasta el punto de ser difícil pensar en un ángel sin una connotación cristiana. Es como cuando los conquistadores españoles se adjudicaron todo el oro y la plata de Sudamérica y de Centroamérica para la corona de España. El oro y la plata no pertenecían a nadie, simplemente dijeron que así era y mataron a cualquiera que no estuviera de acuerdo. Nada pertenece a nadie, aunque alguien crea que sí. Todo pertenece a la tierra y volverá a la tierra. Todo, incluido nuestro cuerpo, es un préstamo de la tierra.

Cuanto más entendamos que nuestras vidas con

cuerpos en esta tierra son un regalo de la tierra y de la consciencia, mayores serán los regalos de nuestras vidas. Poseer es conceptual, recibir es el verdadero regalo. Nadie es dueño de los ángeles ni de todo el oro del mundo, por mucho que lo crea o te quiera hacer creerlo.

Los ángeles andaban por ahí, cuidando a los hombres, enseñándoles, ocupándose de ellos mucho antes del cristianismo. Cristo recibió y así fue un regalo para el mundo.

De todas formas, los ángeles no tienen nada que ver con el cristianismo, ni con ninguna religión. Existen independientemente de cualquier sistema de creencias, al igual que la naturaleza. Que nadie supiera lo que eran las bacterias no significa que no estuvieran ahí, haciendo lo suyo, todo el tiempo sin ser reconocidas.

Antes de la ciencia, todas las culturas creían en los espíritus. Sin embargo, durante los varios cientos y miles de años anteriores a que la ciencia ocupara el centro de la escena, el contexto religioso influenciaba y controlaba fuertemente la consciencia de los espíritus. Así que muchas, si no es que todas las artes espirituales naturales se perdieron en un mar de juicios y de desinformación.

Hoy en día, cuando un ángel le habla a alguien, la mayoría se lo pierde. Y si no lo ignora o se burla de él, lo encara con una conmoción paralizante, porque ¡quién sabe lo que se supone que hay que hacer cuando un ángel te visita!

Sugerencia: Relájate, acógelo y sé agradecido.

El trabajo de un ángel o un guía es darte poder y ayudarte, no decirte lo que tienes que hacer. ¿Un verdadero ser de consciencia te diría lo que tienes que hacer? Eso lo haría un ser que desea controlarte. Aquellos que funcionan desde lo que se llama los ámbitos angélicos tienden a aparecerse como si fueran ángeles y a decirte lo que tienes que hacer, cuándo hacerlo y cómo hacerlo.

Un ángel o un ser de luz nunca te dirá lo que

tienes que hacer. Así es como sabes si es realmente un ángel o un ser de luz. Si te dice lo que tienes que hacer o cómo hacerlo, no es un ángel ni un ser de luz.

Los verdaderos guías no tienen derecho a decirte lo que tienes que hacer. Puedes pedir ayuda a los ángeles siempre que no los conviertas en una fuente superior a ti. Eso es lo cristiano de nuevo, el poder fuera de ti y que solo pertenece a dios y a 'sus' sacerdotes y mensajeros.

Tan pronto como colocas fuera de ti la fuente de poder, es decir, piensas que algo o alguien te puede proporcionar o puede ser algo que tú no puedes, en realidad te esterilizas para no recibir. Aunque quisieran regalarte algo, no podrían porque ya no estás recibiendo, estás necesitando. Es un punto de vista muy engañoso e insidioso.

Pedir y recibir de los ángeles se ha distorsionado en orar ineficazmente y en necesitar. ¿Cuánto te gusta regalar a las personas necesitadas? Debes ser un regalo para recibir un regalo.

No un agujero vacío y necesitado.

Si pides que cualquier ser venga a ayudarte, eso es lo que obtendrás, cualquier ser. Tanto el bueno como el malo. Pide seres cuyo objetivo sea ayudar a la consciencia y sabe quién es el ser.

Muchos demonios y malhechores se disfrazan de ángeles y utilizan su fama para aprovecharse de los inconscientes. Nota: un espíritu no puede engañarte por accidente. Siempre tienes que renunciar a tu saber para que te engañen. Por eso, en Access buscamos que las personas sepan que saben. El saber es a prueba de tontos y estúpidos.

Para complicar aún más la situación, a muchos ángeles se les ha llamado demonios, solo para confundir a cualquiera que confíe por casualidad en recibir de los ángeles y de los seres de luz.

Por eso es tan importante que sepas, y que confíes en que sabes. Si es ligero, es verdad; si es pesado, es una mentira. Algo para guiarnos en la vida.

La primera vez que visité Jerusalén en esta vida

me sorprendió la cantidad de ángeles que percibí. Al principio no entendía del todo lo que percibía, ya que durante esta vida nunca había estado en un lugar con tantos ángeles. Y me refiero a ángeles de verdad, no a los espeluznantes.

Mi sensación era de una luminosidad brillante, como si hubiera más oxígeno. Todo era muy luminoso, pero cuando miraba los edificios y la gente, no eran luminosos, aunque seguía habiendo luminosidad por todas partes.

Después de dormir esa primera noche, me desperté y me dije: "Sí, esto son ángeles".

Esa mañana fui a desayunar con mi papá y con algunos amigos de Access y se lo comenté a mi papá, también como para confirmarlo. Él me dijo: "Sí, están aquí".

Y eso fue todo. Esa fue toda la conversación. Esto fue y es la suma y la composición total de muchos de los avances decisivos que he tenido con mi padre a lo largo de los años respecto a la consciencia de los espíritus.

Le pregunto o le indico algo, y él me dice que sí o que no, y entonces me voy y averiguo más a través de mi propia consciencia. Nunca ha hecho nada significativo, ni siquiera lo más profundo. Por lo tanto, no hay conclusiones; solo consciencia y recibir.

También se levantó de la mesa del desayuno cuando terminamos de desayunar, me entregó una gran cantidad de shekels israelíes y se limitó a sonreírme. Sabía que no debía preguntar para qué era. Sabía que actuaba a partir de la consciencia de recibir que yo tenía.

Y sonreí y recibí el reconocimiento y el dinero con alegría.

Esto actuó como otra señal para mí, de que mi consciencia era... precisa. A lo largo de mi vida me ha sucedido repetidamente que cuando recibo algo grande, y me abro a ello, a menudo recibo un regalo a cambio. No siempre con dinero, el recibir se da de muchas formas. No siempre de forma instantánea, pero a veces sí.

El reconocimiento lleva a recibir, y a medida que recibo, también regalo. Más información sobre esto en el capítulo "regalar y recibir".

Recibí de los ángeles sin significación, solo recibí y luego me regalaron. Que esto no se confunda con la recompensa de la rectitud. Es menos directo y lógico que eso. Es el proceso sin esfuerzo por el que pasa un árbol cuando recibe del sol y de la tierra. Recibe y a su vez regala oxígeno, nueces, frutos, almíbar y mucho, mucho más. Las energías que intervienen en esto son simultáneas y ni el árbol, ni la tierra, ni el sol son la única fuente. El sol, la tierra y el árbol regalan y reciben en todas las direcciones. Si el árbol dejara de recibir, ¿el sol y la tierra dejarían de regalar?

El hecho de que hayas dejado de recibir no significa que los regalos no estén a tu alrededor. Recibe.

Mi padre trató de mencionar a los ángeles de Jerusalén en la clase que facilitaba allí y su esfuerzo se recibió con risas burlonas de rechazo. De inmediato cambió de tema, ya que pocos en la sala podían tener esa conversación. Yo soy una de las afortunadas. Y ahora encabezo la conversación como una genia o una lunática, según se mire. ;-)

Además, los grandes seres de luz pueden hacernos el favor de aparecer como ángeles porque saben que nos sentimos más cómodos percibiendo a un ángel que a un mega ser sin bordes.

Los seres de luz no son ángeles y a menudo los ángeles se coordinan con los seres de luz para facilitar algo mayor para todos. Reconoce a los ángeles en tu vida, ellos te regalarán.

Regalar y recibir

Regalar y recibir es parte del ecosistema de la consciencia. No puedes tener más consciencia a menos que le contribuyas simultáneamente a ella. Es decir, tú también debes ser un regalo para la consciencia al honrarla con tus elecciones. Incluso si no crees que eres un regalo (lo cual, por cierto, es una plaga que afecta a la raza humanoide pero no a la raza humana. Los humanos creen que tienen razón, los humanoides creen que están equivocados).

Humanoide : /umaˈnojõe/

Adjetivo: Que tiene apariencia o índole parecida a un humano. Los humanos son una raza del planeta y los humanoides son otra. Me voy a poner aún más rara por un segundo.

Los humanoides se trajeron a la Tierra para cruzarse con los humanos y crear una especie trabajadora más inteligente. Los humanos consumen, los humanoides crean. Ser humanoide se ha considerado desde siempre como algo malo, a pesar de que los humanoides son responsables de todas las grandes creaciones y el ingenio que cambian la cultura. Incluso ante una gran persecución.

Todos los humanoides creen, en lo más profundo de su ser, que están equivocados e incluso que son malos. Sin embargo, esto simplemente no es verdad. Hemos sido implantados y explantados para creerlo (explante: un implante realizado en los cuerpos sutiles). Regalar y recibir no radica en estar bien o mal, sino en ser tú.

Dar y tomar es el armónico bajo, o la versión inferior, de regalar y recibir.

Dar y tomar es cuando alguien te da algo con una obligación adjunta. "Te he dado esto, ahora quiero esto de ti".

Eso no es regalar, eso es dar.

Cuando el Sol regala a la Tierra, no le envía una factura por el uso de la energía. El Sol, la Tierra, toda la naturaleza y el Universo regalan y reciben simultáneamente. Y en ese proceso, prosperan. En cuanto elegimos funcionar a partir de dar y tomar en lugar de regalar y recibir, renunciamos a nuestra energía y ser infinitos y elegimos estar limitados.

No puedo enfatizar lo crucial que es regalar y recibir en lugar de dar y tomar para acceder a una mayor consciencia.

Nada está limitado en la naturaleza, ni siquiera tú. Solo finges estarlo. Y allí es donde reside el peligro; en la creencia de que estás limitado. Tan pronto como eso se afianza, se pierde el recibir en un mar de 'no puedo, porque'.

Conocer a los seres de luz es recibir. Y recibir es también ser un regalo.

Conforme regalas, recibes.

La elección de regalar y recibir también es una

elección de ser más grandioso. Mi padre me ha enseñado a ser siempre más grandiosa, aun cuando los demás no lo sean. Me ha enseñado a sobrepasar las limitaciones y a sobrecrear al elegir ser más grandiosa.

Por ejemplo, si empiezo a hacer un recuento de la cantidad de tareas que he hecho, en comparación con mi esposo o lo mucho que he pagado, en comparación con mi esposo, o con cualquier otra persona, estoy en dar y tomar. Cuando empiezo a calcular y a recontar la información para llegar a una conclusión de justicia o rectitud, acabo de sucumbir al dar y tomar. He elegido creer que he dado más, o que él no ha dado lo suficiente, o viceversa. Todo esto es un síntoma de dar y tomar.

Si fuera un ser infinito, ¿alguna vez me haría falta algo? ¿Podría tener un límite en lo que puedo ser, o regalar, o recibir? Si siempre supiera que hay más y que el universo, siempre abundante, siempre me regalará (y así ha sido) ¿Podría creer en la pérdida?

Se puede ver lo profundamente arraigado que está el dar y tomar en nuestra psique como cultura. El punto de vista de la pérdida es omnipresente. Sin embargo, si estuvieras recibiendo, no tendrías ninguna sensación de pérdida. Sólo gratitud y permisión por los ciclos infinitamente sabios de la insondable elegancia y el funcionamiento del Universo.

Dar y tomar es uno de los culpables más mortales en contra de percibir y recibir de cualquier gran ser, incluyendo la Tierra. Si eliges la grandeza, serás más grandioso. Y recibir de los seres de luz te exigirá un nivel de grandeza con el que la mayoría se siente incómoda. Porque a medida que recibimos también tenemos que reconocer nuestro regalo.

La elección, tu permiso para recibir

La consciencia no surge de comer la comida acertada ni de meditar en una cueva por un millón de años. La consciencia es una energía libre y está por todos lados. Son nuestras elecciones las que acceden o no a esta energía libre.

Y ahora llegamos a la parte más frustrante, o más liberadora (según tu punto de vista) de este libro.

LA ELECCIÓN.

La elección crea toda nuestra vida y nuestra realidad. Una afirmación sorprendente, lo sé, ya que mucha gente cree que no tiene elección.

Nuestras elecciones son tan poderosas y a la vez tan poco significativas. Lo dictan todo con poco o ningún esfuerzo.

La elección no se siente como nada y creo que es por eso por lo que la mayoría de la gente no la entiende.

Nos han enseñado, principalmente, a elegir sólo cuando tenemos que hacerlo. Eso es necesidad, no elección.

Tiene que haber una razón para elegir y, sin una razón, ¿por qué alguien elegiría? Porque sí. La razón no es elección, la elección es elección. La razón es una fuerza externa que creamos para obligarnos a elegir.

Elegir es tan fácil como levantarse de la cama o cepillarse el pelo. ¿Pero cuándo permitimos que las grandes elecciones de la vida sean tan fáciles e insignificantes?

¿Necesitan los pájaros una razón para volar?

Entonces, ¿por qué buscamos razones para

vivir? Ah, sí, porque somos unos imbéciles controladores que no confiamos ni trabajamos con la energía del universo. Creemos que sabemos más que la naturaleza, y que una mente fuerte es más valiosa que el sutil y poderoso flujo de energía.

Si estás pensando, estás apestando.

Tienes que elegir estar conectado con los seres de luz. No ocurre accidentalmente. Es algo parecido a la forma en que tienes que elegir para estar en cualquier relación. No sucede accidentalmente.

Hace muchos años, cuando TTTE era todavía un bebé, supe que me había topado con un muro. Algo se sentía atascado. Sabía que no estaba dejando que TTTE creciera hasta lo que podría ser. Y no podía ver la elección que estaba haciendo para limitarlo.

Le hice a mi padre muchas, muchas, preguntas para ver si tenía alguna idea al respecto, y finalmente me hizo ver algo.

Me preguntó si iba a ser buena o mala.

Y en ese momento cayó el rayo. Debajo de todo lo que decía que quería que TTTE creciera, no había reconocido plenamente si iba a hacer el bien o el mal con él.

En ese momento, recordé todas las vidas en las que había hecho un daño tremendo con los demonios y me había entregado a las fuerzas de la oscuridad.

Vi lo que había elegido y no había reconocido lo que elegiría ahora. Pude escuchar a todos los demonios diciéndome lo malvada que era y cómo haría un daño enorme. Y supe en ese momento que sus mentiras no podrían volver a controlarme.

Vi que estaba reteniendo a TTTE porque no "confiaba" en lo que haría y sería con él. Y en ese momento supe lo que quería elegir.

Por primera vez en esta vida elegí una vida fácil. Una vida con gozo y bondad.

Hasta ese momento, la ira, la violencia y la oscuridad me habían acompañado. Había hecho más poderosos a la crueldad y al juicio que a la bondad y a la paz. Había valorado la ira, la violencia y la oscuridad en muchas vidas. Ahora tenía otra elección y estaba dispuesta a hacerla.

Y ese fue el momento en que ganó la bondad en mí. Ese fue el momento en que les permití entrar en mi vida a los seres de luz y a toda la contribución del universo.

Gary (mi papá) había trabajado durante años para hacer aflorar mi bondad cuando vio que yo podía ser mala fácilmente. Me llevó hasta donde nadie más lo haría o podría, y me dijo que mis elecciones no me matarían ni matarían a nadie más, y que era libre de elegir. Incluso si elegía mal, tenía que elegir. Y si era ser buena, también tenía que elegir serlo.

Y así, recuperé el poder de elección y dejé de tenerme miedo. Ya no le tenía miedo a mi poder. Podía ser demonizada y vilipendiada y nunca más renunciaría de nuevo al poder de la bondad.

Y así se extendió TTTE, incluyendo la consciencia

de los demonios, para crear un mundo mejor.

¿Confías en tus decisiones? ¿O desconfías de ti mismo?

Es el "creer que eres malo" en tu interior lo que permite que los demonios te controlen y te impidan recibir el tesoro inmenso de la consciencia.

Una de las claves para acceder y jugar con los grandes seres de luz es elegirlo.

Todo el mundo sabe cómo elegir. Lo que frena, e incluso detiene, cualquier cambio o crecimiento en la vida es el juicio sobre elegir bien o mal.

¿Destruyes y descreas querer hacer la elección acertada y no estar dispuesto a hacer la elección equivocada? POD y POC

Es imposible recibir sin crecer. Si usas el juicio (acertado y equivocado, bueno y malo) éste creará un gran bloqueo, que no podrás superar.

Es un círculo vicioso de querer tener razón, y por lo tanto limitar lo que puedes recibir. O estar equivocado, que también limita lo que puedes recibir.

Sencillamente, el juicio bloquea el recibir. Y si no recibes, ningún gran ser, y mucho menos los seres de luz pueden aparecer en tu vida. Tu puerta está cerrada.

Así que debemos elegir no tener la razón ni estar equivocados, sino ser conscientes.

Sé que esto puede sonar inalcanzable o incluso tonto o simplemente extraño. Muchos de nosotros creemos que nuestros puntos de vista y nuestros juicios definen quiénes somos y que sin ellos desapareceríamos. Te prometo que no desaparecerás. Por el contrario, puede que encuentres más de ti.

Tal vez desees cambiar tus puntos de vista y deshacerte de tus juicios. O soltar lo que crees que "simplemente no sabes cómo" o lo que has hecho sin éxito en tus intentos anteriores. Mi sugerencia: haz más Access. MUCHO.

Si no sabes lo que es Access Consciousness, descúbrelo: **www.accessconsciousness.com**. O, por supuesto, puedes simplemente elegir. La elección supera todo y crea totalmente.

Si ahora mismo no sabes cómo elegir, haz Access hasta que puedas elegir. Entonces elige.

Se desharán los retorcimientos y bloqueos que han sufrido nuestros seres durante años y vidas de invalidación y juicio y ganarás.

"Nunca se ve como crees que lo hará".

—Dr. Dain Heer

La elección es tu autorización para recibir. La elección es libre y está disponible para todos. Incluso si no 'sientes' que tienes elección en este momento, la tienes. Si te encuentras en una situación que no puedes creer que hayas elegido, pregúntate: "¿Qué he hecho para crear esto?". Eres grandioso. Eres más poderoso de lo que quieres creer. Porque si supieras lo poderoso que eres, no tendrías ninguna excusa tras la que esconderte... ¿Y entonces qué sería de tu vida?

La elección: tu permiso para recibir

Ejercicio de recibir

Sin importar lo que parezca y lo que cueste, ¿estarías dispuesto a salir de tu cabeza hoy?

Puede que sientas que pierdes algo. Confía en que hay una fuente y una fuerza en el universo que es más bondadosa, más afectuosa y más creativa que cualquier persona que hayas conocido. Hay un regalo que recibimos por estar vivos... ¿has recibido ese regalo?

Si necesitas entenderlo, destruirás esto. Esa es

la advertencia.

¿Estarías dispuesto a abrirte más allá de tu zona de seguridad, más allá de tus mayores juicios y definiciones, más allá de tu cabeza?

Ponte cómodo y *relájate.*

Si y cuando percibas que sientes que vas a explotar. Explota.

Si sientes que te va a dar un ataque al corazón o un orgasmo porque es demasiado excitante o demasiado aterrador, sigue teniendo un ataque al corazón o un orgasmo.

Relájate. No importa para qué pensabas que leías este libro, relájate más allá de eso. Derriba tus barreras, las barreras que tienes para estar vivo en el mundo.

Las que están siempre en pie y que crees que

son normales. Empuja esas barreras hacia abajo.

De verdad, relájate. Si no puedes relajar tus barreras, oblígalas a bajar. Si estás pensando: eso es una barrera. Si te preguntas si lo estás haciendo bien: barrera.

Relájate. Esto es más fácil que cualquier cosa que hayas hecho.

Percibe todas las entidades de la habitación o del espacio que ocupa tu cuerpo. Permite que tu cuerpo perciba más allá de lo que jamás hayas permitido que tu cuerpo perciba antes. Cualquier proceso de relajación que deba ocurrir, deja que ocurra.

Deja pasar lo que quiera entrar a tu consciencia y a tu atención. La consciencia no está mal. ¿Y si nada puede dañarte? No hay nada que defender.

Percibe todas las entidades en esta habitación y fuera de ella. Observa lo que ocurre cuando percibes y cuando reconoces tu percepción. Si te distraes con tu mente o con la cabeza de alguien, relájate.

Percibe todas las entidades que vas a percibir. Esta es una práctica de voluntad.

Pide a todas esas entidades que se aparten, que se alejen mucho de ti. Ahora, pídele a tu equipo. Comienza con tu equipo.

Relájate.

Pídele a tu equipo que se acerque a ti. Permanece relajado en la energía. Pídele a tu equipo que te abrace: que te frote la espalda, que te calme, que te toque el estómago, que relaje tu sistema nervioso.

Relájate y recibe, más. Si estás pensando, relájate. Permítete estar muy relajado y presente.

Dirige tu atención a los seres de luz.

No la cabeza. *La consciencia...*

Date cuenta, cuando pones tu consciencia en los seres de luz, si colocas alguna barrera, si tensas el estómago, si quieres irte a dormir, o no estar presente, si te duele la cabeza. Quita tus barreras. Estate presente con ellos tanto como sea posible. Si dudas, eso no es presencia.

Relájate.

Nota de lo que te das cuenta en tu cuerpo o no en tu cuerpo, mientras pones tu consciencia en los seres de luz. Haz lo mejor que puedas para no identificar su forma. No trates de verlos. Percíbelos. Estamos entrando al espacio.

Ahora, permite que los seres de luz te envuelvan. Permite lo que es eso. Dales permiso. Pídeles que estén aquí contigo. Deja que envuelvan tu vida. Permíteles estar presentes y tocarte.

Sé la puerta que los trae aquí de nuevo. Deja que vengan a través de ti a este planeta, que traigan facilidad, bondad e intensidad. Deja que lleguen a ti, a tu estómago, y que planten la semilla de la posibilidad.

¡Suelta! Suelta tu vida como la has conocido.

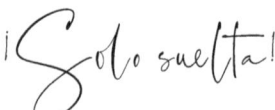

Permite a los seres de luz que te conozcan, que trabajen a través de ti, y que nutran las semillas de consciencia en este planeta. Expándete en todas direcciones, nunca en la mente.

Permite a los seres de luz que destruyan tu duda, que derroten tu rectitud y que trabajen en tu sistema. Nota si estás controlando.

Relájate.

Muévete con ellos hacia afuera en todas direcciones hacia el universo. Permite a tu cuerpo ir a través de lo que necesite atravesar. No te detengas. Sigue adelante. Sigue a través de tu cuerpo, de tu universo, *del* Universo. Permite que se vaya ahora todo lo que no ha sido esto.

Permite a los seres de luz que te envuelvan y se traguen tu resistencia. Deja que esta energía permee todas las moléculas. Todas las moléculas en el universo.

Ahora, ¿qué debes ser que permitirá a los seres de luz estar aquí en el planeta con nosotros? ¿Qué debes elegir que les permitirá y los invitará a trabajar con nosotros, hacia y para el mundo mejor que todos sabemos que es posible?

Los seres de luz son más fuertes que cualquier juicio. Permíteles destruir tus juicios. Pídeles que lo hagan y permíteselos. Suelta tu arma de control. Estás a salvo. Sométete a lo que necesitas. Relájate.

Permite que esta energía forme parte de tu sistema, que reemplace todas las energías que no son esta. Asegúrate de que esta energía se grabe físicamente en ti y en todos tus otros cuerpos y en todo lo otro que eres tú. Para que la próxima vez que vengas a esta energía, esta exista. Permite que esta energía se hunda en tu consciencia. No lo pienses.

Confía en tu cuerpo, confía en la energía... *relájate.*

Ahora permite a tus compañeros de equipo que te aprieten de nuevo. Invita a los seres de luz a jugar contigo hoy, a caminar contigo a diario y a empezar a gobernar al planeta con la dichosa explosión de posibilidades que viniste a ser a este planeta. Tú eres el embajador.

Relájate y recibe más.

Por favor ve el audio extra 3 al final del libro para un asombroso ejercicio de recibir.

El Comienzo ♡

Índice de recursos

Gracias por disfrutar de este libro. Si quieres explorar y expandir más lo que hemos comentado en este libro, por favor visita:

www.beingsoflightbook.com/registration-spanish
para todos los audios extra GRATIS.

Recursos gratis:

1. Ejercicio de los compañeros de equipo
2. Ejercicio de los seres de luz
3. Ejercicio de recibir
4. Más ejercicios de consciencia asombrosos con Shannon

COMPRA EL AUDIO DE
LIMPIEZA DE DEMONIOS

Obtén el audio de limpieza de demonios de
Hablando Con Las Entidades. ¡Funciona!
(solo en inglés)

www.talktotheentities.com/demon-clearing

LIBRO DE
HABLANDO CON LAS ENTIDADES

Lee el primer libro de Shannon de Hablando Con Las Entidades y descubre de lo que eres consciente.

www.talktotheentities.com/ttte-books/spanish

CLASES EN EL MUNDO DE HABLANDO CON LAS ENTIDADES

Tener consciencia de los espíritus es fácil.
¡Averigua si hay una clase cerca de ti hoy mismo!

www.talktotheentities.com/classes/

ACCESS CONSCIOUSNESS

Para descubrir más de las herramientas de Access Consciousness visita:

www.accessconsciousness.com/es/

Todo en la vida viene a mí con facilidad, gozo y gloria

ENUNCIADO ACLARADOR DE ACCESS

¿Y si unas pocas palabras raras pudieran cambiar tu vida totalmente?

www.accessconsciousness.com/en/about/
how-it-works/the-clearing-statement/

¿Y cómo puede mejorar esto?

Índice de recursos

La autora, Shannon O'Hara

Desde que Shannon era niña descubrió que es muy consciente de un mundo que es invisible y aun innombrable para la mayoría de la gente: el mundo de las entidades.

Con la ayuda de su padrastro, Gary Douglas, el fundador de Access Consciousness, aprendió a hablar con las entidades y a interactuar con ellas. Usando las herramientas de la consciencia, Shannon aprendió a acoger esta capacidad única que le dio acceso a una realidad que va más allá de lo que se considera normal y real. Y que para Shannon estaba y sigue estando ahí.

El primer libro de Shannon, hablando con las entidades salió hace más de 10 años y fue uno de sus primeros pasos en este camino. Ahora ha evolucionado en un programa completo de clases, con facilitadores por todo el mundo, usando las herramientas de Access Consciousness. Este libro 'Los seres de luz' es una continuación y una profundización de esa exploración.

Hoy en día, Shannon viaja por el mundo con su esposo Max, facilitando clases de Access Consciousness sobre la consciencia, el cuerpo, las entidades y tiene su base en el sur de Suecia.

¿Recuerdas esos viejos mapas que dicen: "de aquí en adelante están los dragones"? Esas son las áreas de nuestras vidas que Shannon O'Hara explora continua y tenazmente. Sus libros son una invitación a que la acompañes y, si estás dispuesto, a que las veas por ti mismo.

Milton Keynes UK
Ingram Content Group UK Ltd.
UKHW030656181124
2908UKWH00035B/142

9 781634 935067